DÉSISTEMENT MOTIVÉ

DE

M. JACQUES DE VALSERRES,

CANDIDAT

A LA CHAIRE D'ÉCONOMIE ET DE LÉGISLATION RURALES A L'INSTITUT
AGRONOMIQUE DE VERSAILLES.

Nul n'a d'esprit que nous et nos amis!
La coterie de la rue de Varennes.

Prix : 10 centimes.

PARIS,

CHEZ TOUS LES MARCHANDS DE NOUVEAUTÉS.

6 Décembre 1849.

PROGRAMME

DU

COURS D'ÉCONOMIE

ET DE

LÉGISLATIONS RURALES,

POUR L'INSTITUT AGRONOMIQUE DE VERSAILLES

PAR

M. JACQUES DE VALSERRES,

suivi du

DÉSISTEMENT MOTIVÉ DE SA CANDIDATURE.

TITRES DU CANDIDAT.

Il a dirigé pendant deux ans une exploitation dans les Alpes, composée de vignes, prés, champs, bois et pâturages.

Avocat, professeur, depuis cinq ans, de législation administrative et industrielle à l'école du commerce.

Professeur, depuis quinze mois, d'économie agricole à l'Institut polytechnique.

Auteur du *Manuel du droit rural et d'économie agricole*, 1 vol. de 950 pag.;

Des *Dialogues populaires sur le droit rural;*

D'un *Mémoire* sur la nécessité de créer une chaire de droit rural à l'Institut de Grignon ;

D'un *Mémoire* sur les travaux préparatoires pour la confection du code rural, adressé au ministre de l'agriculture et à l'Assemblée constituante. — (Sous presse.)

Directeur, pendant deux ans, des *Annales des haras et de l'agriculture*, où il a inséré de nombreux travaux sur l'économie rurale.

OBSERVATIONS PRÉLIMINAIRES.

L'économie rurale, telle qu'elle doit être professée à Versailles, diffère essentiellement de l'économie professée jusqu'à ce jour dans les instituts agronomiques et les fermes-écoles.

Dans la ferme-école, l'économie rurale doit se borner à l'explication des faits pratiques.

Dans l'école régionale, le professeur d'économie et de législation devra exposer les éléments de l'économie politique, leur application générale à l'agriculture, les principes du droit rural dans ce qu'ils ont de plus élémentaire.

A l'Institut de Versailles, le cours d'économie et de législation devra comprendre l'étude des institutions sociales qui, par leur influence, peuvent entraver ou accélérer les progrès de l'agriculture.

Le professeur s'attachera surtout à deux choses :

1° Établir une bonne classification ;

2° Traiter toutes les matières de son ressort au triple point de vue *économique, législatif* et *administratif.*

1° La *classification* déjà suivie par nous dans notre *Mémoire sur l'enseignement du droit rural*, à Grignon, peut être également bien suivie pour le cours d'*économie* et de *législation*, à l'Institut de Versailles.

En effet, toutes les évolutions de l'*économie rurale* peuvent se grouper autour de trois idées fondamentales, le *sol*, la *production*, l'*organisation agricoles*; il n'y a pas de matière, en économie et en législation rurales, qui ne puisse se classer sous une de ces trois rubriques générales.

Nous divisons donc le cours en trois parties : le *sol agricole*,— la *production agricole*, — l'*organisation agricole*.

Chaque partie se subdivise elle-même en autant de titres et de chapitres qu'il y a de matières différentes.

2° En outre, chaque matière doit elle-même être présentée sous le triple point de vue *économique, législatif* et *administratif;* autrement, le professeur de l'Institut de Versailles, au lieu de traiter des *institutions agricoles*, au lieu de rechercher, dans les entrailles même de ces institutions, les causes qui entravent l'agriculture, ne serait que le répétiteur de l'enseignement déjà établi à Grignon ou à Grand-Jouan.

Mais ce n'est pas tout. Indépendamment du triple point de vue que nous venons de signaler, le professeur devra encore, sous chaque matière, présenter : 1° L'historique ; 2° l'exposé des principes économiques ; 3° l'exposé de la législation ; 4° il fera voir l'influence que cette législation a exercée sur l'agriculture ; 5° il tracera les réformes économiques et législatives qu'il faudrait faire pour l'améliorer ; 6° enfin, il donnera les résultats proposés par la statistique.

Nous appellerions volontiers cet enseignement *Cours d'économie agricole ou sociale.*

Le programme qui va suivre ne renferme que des têtes de chapitre rangées d'après la classification indiquée plus haut. Comme nous l'avons dit, chaque chapitre doit être traité au triple point de vue *économique, législatif, administratif*, et, de plus, en commençant par l'historique et en finissant par la statistique, autant que chaque matière le comportera.

PREMIÈRE PARTIE.

DU SOL AGRICOLE.

Vues générales sur la distribution économique du sol.

DE LA PROPRIÉTÉ.

Vues générales sur la propriété. — Des servitudes qui la grèvent. — De l'expropriation pour cause d'utilité publique. — Du morcellement du sol. — Des réunions territoriales. — Des différents systèmes émis sur la propriété.

DU SOL INSTRUMENT DE TRAVAIL.

§ 1er. *Du sol conquis par l'industrie de l'homme.* — Des terres labourables. — Des prairies. — Des vignes. — des bois. — Des montagnes pastorales. — Des systèmes de culture. — Influence du climat sur la culture, et *vice versa*. — Moyens d'améliorer le climat. — Moyens d'améliorer le sol.

§ 2. *Du sol à conquérir.* — Des terres incultes. — des biens communaux. — Des colonies agricoles. — des systèmes de défrichement. — De la plantation des dunes. — Des landes de la Bretagne et de la Gascogne. — Des bruyères de la Campine.

§ 3. *Des moyens accessoires.* — Les engrais. — Leur préparation. — Assainissement des villes. — Les machines. — La mécanique agricole. — Les constructions. — De l'architecture rurale.

DES EAUX.

§ 1er. *Des eaux courantes.* — Des sources. — Des

ruisseaux. — Des torrents. — Des rivières. — Des fleuves. — Des canaux d'irrigation. — Des machines à élever l'eau. — Des barrages ou réservoirs. — Des forages. — De l'hydroscopie. — Des eaux pluviales. — de l'endiguement le long des cours d'eau. — Des alluvions naturelles et artificielles. — Des lais et rivages de la mer. — Du curage des cours d'eau. — De la plantation des rives. — Des eaux employées comme force motrice.

§ 2. *Des eaux stagnantes.* — Dangers qu'elles présentent. — Des marais. — Utilité des desséchements. — Obstacles législatifs. — Des colmates. — Du drainage. — De l'écoulement des eaux. — Des étangs. — De la dombes. — De la brenne. — Du desséchement des étangs. — Obstacles législatifs. — D'un système général d'aménagement des eaux. — Du service établi par le ministre des travaux publics.

DES CHARGES QUI PÈSENT SUR LE SOL.

Coup d'œil général sur les impôts. — Division. — Du cadastre. — De la contribution foncière. — Des contributions indirectes. — Renvoi.

SITUATION FINANCIÈRE DU SOL.

Des dettes hypothécaires. — Influence de la législation sur le taux de l'argent. — Influence de la dette publique. — Des emprunts publics. — Du budget de l'Etat. — Des différents systèmes financiers, et de leur influence sur l'agriculture. — Du crédit agricole. — Renvoi.

DEUXIÈME PARTIE.

DE LA PRODUCTION AGRICOLE.

§ 1ᵉʳ. *Production minérale.* — Des mines. — Des minières. — Des tourbières. — Des carrières. — Du sel. — Impôt qui le grève. — Législation étrangère.

§ II. *Production végétale.* — Des céréales. — Des subsistances publiques. — Du commerce des grains et de son influence. — Importations. — Exportations. — de la vigne. — De l'impôt sur les boissons. — Des falsifications. — Des plantes racines. — De la pomme de terre. — Des betteraves. — Du sucre indigène. — Des plantes textiles. — Influence du coton et des mécaniques à filer. — Des plantes oléagineuses. — Du tabac et du monopole par l'Etat. — Des plantes tinctoriales. — Du riz. — Sa culture doit être réglementée. — Des plantes fourragères. — Des pâturages. — Des plantes exotiques et de leur acclimatation. — Du mûrier. — Des arbres à fruits. — Des forêts. — Du déboisement. — Du défrichement des bois. — Des inondations. — Du reboisement. — Des usines pour la transformation des matières végétales. — Engrènement de l'industrie agricole avec l'industrie manufacturière. — Du transport des manufactures à la campagne.

§ III. *Production animale.* — Vues générales sur l'acclimatation et la domestication des animaux. — Sur l'utilité des animaux domestiques. — Sur l'amélioration des races. — Du cheval. — De l'âne et du mulet. — Des haras. — De la race bovine et des vacheries. — Des vaches laitières et du système Guénon. — Du concours de Poissy. — Influence de la boucherie de Paris. — De la race ovine et des bergeries. — Des laines. — Des vices rédhibitoires. — De la race caprine. — De la race porcine. — Des vers à soie et de l'industrie séricicole. — Des volailles. — Des lapins. — des pigeons. — Du gibier et de la chasse. — Du poisson et de la pêche. — Des abeilles. — Des usines pour la transformation des produits animaux.

TROISIÈME PARTIE.

DE L'ORGANISATION AGRICOLE.

Vues générales sur l'organisation de l'agriculture.

INFLUENCE DE LA LÉGISLATION.

Influence du code civil, — du code de procédure, — des lois administratives, — des douanes, — des octrois, — des impôts indirects sur l'industrie agricole.

ADMINISTRATION DE L'AGRICULTURE.

Du ministère de l'agriculture, — ses attributions et son organisation. — Service sédentaire. — Service actif. — Missionnaires agricoles. — Budget de l'agriculture. — Statistique agricole. — Encouragements. — Primes. — Distinctions honorifiques.

REPRÉSENTATION DE L'AGRICULTURE.

Du conseil général. — Des chambres consultatives. — Des congrès régionaux. — Du congrès central.

DE L'ENSEIGNEMENT AGRICOLE.

Vues générales. — Fermes-écoles. — Ecoles régionales. — Institut de Versailles. — Ecoles vétérinaires. — Ecoles forestières. — Ecoles des haras. — Introduction de l'enseignement agricole dans les écoles primaires, les colléges et lycées, les séminaires, la Sorbonne, le collége de France, les écoles normales primaires, les écoles régimentaires. — Des chaires dans les villes. — Des professeurs ambulants.

DE QUELQUES MOYENS DE PROPAGATION.

Des sociétés d'agriculture. — Des comices agricoles. — Des fermes modèles et expérimentales. — Des expositions et des fêtes agricoles. — De la presse.

DES INSTITUTIONS DE CRÉDIT.

Du crédit foncier. — Des associations territoriales de l'Allemagne. — Des bons hypothécaires. — De la banque de France. — Du crédit agricole. — Des banques communales du Wurtemberg. — Comment le crédit pourrait s'étendre aux fermiers. — Des assurances agricoles contre la grêle, la gelée, les inondations, les épizooties. — D'un système général d'assurances et de crédit.

DES LOIS RURALES.

État actuel de la législation rurale. — Ses imperfections, ses lacunes. — Des usages ruraux. — Leur compilation. — De la codification des lois rurales. — Système à suivre pour atteindre ce but.

DES TRIBUNAUX AGRICOLES.

De la réforme du Code de procédure. — Des justices de paix. — Des prud'hommes ruraux.

DES DÉBOUCHÉS AGRICOLES.

Influence des routes sur la production. — Des chemins de fer. — Des canaux de navigation. — Des routes nationales. — Des chemins vicinaux. — De la prestation en nature. — Des chemins ruraux — Des chemins d'exploitation. — Des foires. — Des marchés. — Des débouchés extérieurs. — Influence des impôts. — Influence des salaires.

DE L'EXPLOITATION DU SOL.

Du faire-valoir. — Du fermage. — Du métayage. —Des associations de cultivateurs. — Des compagnies agricoles. — Des aides agricoles. — De la comptabilité rurale. — Des profits et de la rente.

DES POPULATIONS RURALES.

Situation des travailleurs agricoles. — Emigrations dans les villes. — Enquêtes sur les travailleurs agricoles. — Des caisses de retraites. — Institutions cantonales à fonder. — De la mendicité. — Organisation de la commune rurale. — Influence des femmes sur l'agriculture.

DE L'UTILISATION DES FORCES PERDUES AU PROFIT DE L'AGRICULTURE.

De l'application de l'armée aux travaux agricoles. — De l'application des condamnés. — Pénitentiaires agricoles de Fontevrault, Mettray, etc. — De la statistique du travail agricole. — Des déplacements de travailleurs et de leur organisation.

DE LA POLICE RURALE.

Du parcours et de la vaine pâture. — Des animaux et des insectes nuisibles. — Des plantes nuisibles. — Des habitations rurales. — Des médecins et des vétérinaires cantonaux. — Du conseil de salubrité cantonal. — Des mauvais traitements exercés sur les animaux domestiques.— Des épizooties. — Du rouissage. — Des bans de vendanges. — Des délits ruraux et de leur répression.

DE LA DISTRIBUTION DES PRODUITS AGRICOLES.

De la part faite au propriétaire, — au fermier, — au

capitaliste, — aux travailleurs dans les produits créés par l'agriculture. — Quel serait le meilleur système de répartition.

DE LA CONSOMMATION DES PRODUITS AGRICOLES.

Ils devraient être consommés sur les lieux qui les ont produits. — Absentéisme des propriétaires. — Principale cause des souffrances de l'agriculture. — Les produits agricoles sont presque immédiatement consommés. — On pourrait les doubler sans craindre de les déprécier. — Vaste champ ouvert aux améliorations. — Le législateur pourrait les accélérer par de bonnes lois. — Du commerce en général et de son influence sur les producteurs agricoles.

P.-S. DÉSISTEMENT DU CANDIDAT.

Ce programme était livré à l'impression lorsqu'une note insérée dans le *Moniteur* du 30 novembre, relative à la polémique soulevée par la presse, sur la sincérité des concours pour l'Institut de Versailles, nous force à nous désister de notre candidature. Nous allons résumer brièvement les faits qui nous déterminent à prendre cette résolution.

Depuis plus de six mois il nous était revenu que la chaire *d'économie et de législation rurales* était promise d'avance à un candidat choisi par l'administration de l'agriculture. On citait le nom du candidat, nom révélé depuis par la presse de Paris et des départements. D'abord nous ne voulûmes ajouter aucune foi à des bruits qui laissaient supposer, de la part de ceux qui étaient chargés d'exécuter la loi, l'intention bien arrêtée de la violer. Mais nos doutes furent ébranlés par un article inséré dans la *Réforme agricole* du mois de septembre, où on lisait *que pour le plus grand nombre des chaires, les nominations étaient déjà parfaitement arrêtées, que chaque commission d'examen avait son candidat tout choisi.* Cet article nous étonna beaucoup, et nous pensions du moins alors que l'administration de l'agriculture et les membres du jury, gravement attaqués dans leur honneur, s'empresseraient de lui opposer un démenti formel.

Nos espérances, nous devons le dire, furent déçues. L'administration et le jury gardèrent le silence.

Bientôt la presse quotidienne, s'emparant de la question, en fit l'objet de sa polémique. La *Réforme*, dans son numéro hebdomadaire du 22 novembre, dévoilait en termes très-vifs ce qu'elle appelait, avec raison, une *pitoyable intrigue*. « On dit, écrivait-elle, que les bureaux de l'a- « griculture et quelques membres de l'Académie des sciences se sont « partagé les chaires pour les distribuer à leurs amis ; et qu'en dépit de « la loi qui ordonne le concours, toutes les places sont déjà promises. » Plus loin, la *Réforme*, en parlant des programmes rédigés par les membres des jurys, ajoutait : « Chacun de ces programmes porte les « marques non équivoques de la partialité. Il est tel paragraphe qu'on « reconnaît avoir été dirigé contre tel candidat qui déplaît aux meneurs « de cette intrigue. »

Certes ces accusations étaient graves, et nous nous attendions à voir le lendemain dans le *Moniteur* une rectification qui justifiât l'administration et le jury des soupçons injurieux qui portaient si gravement atteinte à leur honneur. Mais nous attendîmes en vain cette rectification.

Ce silence obstiné émut la presse et les candidats qui se trouvaient lésés dans leurs intérêts les plus chers. Le *National*, l'*Opinion publique*, le *Temps*, la *Liberté*, la *Démocratie pacifique*, élevèrent la voix pour protester, tandis que, dans son numéro du 23 novembre, l'*Assemblée nationale*, et pour cause, publiait le nom des *candidats heureux* et félicitait l'administration des choix qu'elle avait faits. De leur côté, les candidats se réunissaient dans les salons de l'*Institut polytechnique* pour aviser aux moyens d'obtenir du ministre de l'agriculture le désaveu formel de tous les bruits qui circulaient.

La *Réforme*, dans son numéro hebdomadaire du 29 novembre, nous a donné le compte-rendu de ce qui s'était fait à la réunion des candidats. Il paraît que là, comme toujours, l'administration avait ses représentants, qui ont cherché à l'innocenter. Un officieux, qui voulait sans doute gagner ses éperons, soutenait qu'il n'y avait aucune preuve des faits imputés au ministère de l'agriculture. — Si le ministère n'est pas coupable, lui a-t-on répondu, pourquoi n'a-t-il pas donné un démenti formel aux allégations de la presse ? son silence n'est-il pas un aveu du fait qu'on lui impute ?

Malgré cet argument, qui nous semble irrésistible, la réunion, composée d'hommes paisibles, voulut y mettre des formes. Au lieu de s'adresser à l'Assemblée nationale, elle se borna à mettre le ministre de l'agriculture en demeure de s'expliquer sur la polémique soulevée par la presse. C'est dans ce but que fut rédigée la lettre suivante :

« Monsieur le ministre,

« Plusieurs journaux ont publié que, malgré le concours annoncé pour les chaires de l'Institut agronomique de Versailles, les places de cet Institut avaient été promises par le ministère à certains candidats de son choix. Ces bruits étant injurieux pour l'administration et pour les juges du concours, et décourageants pour les candidats, plusieurs de ces derniers, réunis à l'*Institut polytechnique*, ont l'honneur de s'adresser à votre justice pour solliciter une réponse de nature à les rassurer sur la sincérité du concours et l'exécution de la loi. »

Cette lettre, adressée à un homme qui a fait sa carrière dans les sciences, signée par des hommes qui veulent faire leur carrière par les sciences, méritait une réponse convenable. Eh bien, M. Dumas s'est contenté de publier dans le *Moniteur* une note qui viole toutes les règles de la civilité la plus vulgaire ; nous avons lieu d'en être justement blessé. Voici le texte de la note ministérielle ; nous en recommandons le style. C'est bien là le patois auquel, depuis longtemps, les bureaux de l'agriculture nous ont habitués :

« Les concours pour les chaires de l'Institut national agronomique ont servi de prétexte à une série d'articles évidemment émanés de la même main, qui ont paru dans divers journaux et se sont résumés en une convocation des candidats. Quelques-uns d'entre eux ont adressé à M. le ministre de l'agriculture une lettre qu'ils ont publiée et qu'il aurait pu lire dans un journal avant de l'avoir reçue.

« Si les personnes qui ont provoqué ces articles avaient eu la sincère intention de s'éclairer, et non le désir de faire un peu de bruit, il leur suffisait d'aller dans les bureaux du ministère, où ils auraient obtenu tous les renseignements nécessaires. Les programmes des concours ont été publiés en leur temps ; les listes des concurrents sont restées ouvertes jusqu'à la limite prévue et prescrite ; les concours vont commencer au moment fixé. Le ministre actuel a laissé suivre son cours à la marche tracée par son prédécesseur, qui, en nommant les commissions d'examen, avait d'ailleurs donné à tous les candidats, par le choix des juges, des garanties contre lesquelles nulle réclamation ne saurait s'élever. »

Cette note est d'une haute inconvenance. Comme toutes les rectifications ministérielles, elle ne répond pas à la question posée. Les chaires, oui ou non, ont-elles été promises ? Les noms des candidats heureux ont-ils été publiés dans les journaux ? Est-il vrai que cette intrigue ait éloigné du concours des hommes haut placés dans la science, tels que MM. Quatrefages, Olincourt, Nérée Boubée, Guérin-Méneville, Rivière, etc., etc.

M. Dumas n'ayant pas répondu à ces questions, nous sommes en droit de dire que les inculpations de la presse restent dans toute leur force, que réellement les chaires ont été promises, et que les candidats dont les noms ont été publiés dans les journaux sortiront seuls victorieux du concours qui va s'ouvrir.

Dans cette situation, qu'avions-nous à faire, nous qui n'appartenons à aucune coterie scientifique ? Imiter l'exemple qui nous est donné par MM. Quatrefages, Olincourt, Nérée Boubée, Guérin-Méneville, Rivière, etc.; comme eux nous devions nous retirer du concours. Comme nos confrères en malheur, nous ne voulons pas compromettre notre position scientifique devant un parti pris, ni servir de piédestal à un candidat dont tout le mérite consiste à être l'ami des bureaux de l'agriculture. Nous nous retirons donc en faisant toutes nos réserves pour le cas où, malgré les avertissements de la presse, malgré nos propres avertissements, M. Dumas voudrait pousser les choses jusqu'au bout. Nous publions néanmoins notre programme parce que, tout imparfait qu'il soit, le candidat de l'administration aura sans doute plus d'une fois besoin d'y recourir.

Voici dans quels termes nous annonçons notre retraite à M. Dumas.

« Monsieur le ministre,

« J'ai l'honneur de vous informer que je me désiste de ma candidature à la chaire d'*économie et de législation rurales* à l'Institut de Versailles. Je le fais avec d'autant plus de regrets, que je suis auteur de plusieurs ouvrages sur les matières du futur enseignement, et que le premier en France j'ai eu l'idée de réunir deux sciences jusque-là restées étrangères l'une à l'autre : la *législation* et l'*économie rurales*.

« J'avais donc quelques droits de prétendre, je ne dis pas à des égards, mais à de l'impartialité. Malheureusement, ce que je croyais devoir faire ma force m'a perdu.

« Vous vous rappelez sans doute, monsieur le ministre, la seule loi agricole qui ait été votée par la Constituante. Le projet, émané de votre ministère, accusait chez vos collaborateurs l'inexpérience la plus complète des choses de législation ; c'est au point qu'un représentant du peuple osa dire à M. Tourret que ce projet était *déshonorant pour l'administration*. Tel était aussi mon sentiment personnel.

« En ma qualité d'homme spécial, je rédigeai un *contre-projet* auquel je donnai une tournure plus législative ; je comblai les nombreuses lacunes que renfermait la rédaction officielle, et j'envoyai le tout au comité d'agriculture de l'*Assemblée nationale*, qui l'accepta sans y rien changer. Plus tard, la Constituante le vota, sauf quelques légères modifications. J'avais donc tout lieu de me féliciter de mon travail.

« Malheureusement vos collaborateurs en furent moins satisfaits que moi-même. Ayant appris que j'étais l'auteur du *contre-projet* qui faisait subir à leur amour-propre un si rude échec, ils résolurent de me fermer toutes les issues dont ils pourraient disposer. L'occasion était belle pour eux : l'Institut de Versailles allait être fondé. Dès ce moment vos collaborateurs ne songèrent qu'à une chose : m'empêcher d'être professeur à l'Institut agronomique.

« Je n'entrerai pas avec vous, monsieur le ministre, dans tous les détails de cette intrigue. Il avait d'abord été question d'établir une chaire de *droit rural* ; mais comme vos collaborateurs ne pouvaient, sur ce point, m'opposer un concurrent sérieux, ils ont, malgré son incontestable utilité, sacrifié le droit rural à leur ressentiment. Alors, dans le but de me faire échouer, ils ont songé à réunir l'*économie* et la *législation rurales*, à réduire la *législation* aux proportions les plus mesquines et à insérer dans le programme du concours des épreuves sur l'agriculture pratique.

« Malgré toutes ces manœuvres déloyales dont j'étais instruit, malgré l'assurance où j'étais que vos collaborateurs avaient leur candidat tout choisi, je n'aurais pas abandonné la lice, si, comme j'avais tout lieu de l'espérer, et comme les convenances vous en faisaient un devoir, monsieur le ministre, vous aviez bien voulu répondre à la lettre dont je suis un des signataires. Que demandions-nous dans cette lettre? L'assurance écrite de votre part que les chaires n'étaient pas promises d'avance et que le jury nommé par votre prédécesseur resterait impartial.

« Mais, cédant sans doute à l'inspiration de vos collaborateurs, vous n'avez pas voulu nous donner satisfaction sur ce point. Eh bien! j'en suis fâché pour votre dignité, monsieur le ministre ; je vois avec regret que chez vous l'homme politique ait absorbé le savant jadis si strict observateur des règles de la bienséance!

« Je me retire donc, et je déclare que le concours qui va s'ouvrir pour la chaire d'*économie et de législation rurales*, à l'Institut de Versailles, n'est pas un véritable concours, mais une affaire de coterie. Je ne veux pas, par ma présence, justifier la violation de la loi. Je fais mes réserves pour l'avenir, car, tant que le concours ne sera pas ce qu'il doit être, je regarderai comme illégalement nommé tout professeur qui en sortira.

Agréez, etc.

Jacques DE VALSERRES,
38, rue des Saints-Pères.

Paris, le 5 décembre.

Paris. — Imp. Schneider, r. d'Erfurth, 1.

www.ingramcontent.com/pod-product-compliance
Lightning Source LLC
LaVergne TN
LVHW010124060726
842524LV00005B/1717